AF316808

El Domador de Emociones

Ilustrado Por Adi Badash

Dorit Geifman Lugasy
El Domador de Emociones

Todos los derechos reservados
Copyright © 2025

Editado:Natalia Ortega
Ilustraciones: Adi Badash

Ninguna parte de esta publicación puede ser reproducida, distribuida o transmitida de ninguna forma o por ningún medio, incluyendo fotocopias, grabaciones u otros métodos electrónicos o mecánicos, sin el permiso escrito previo de la autora, excepto en el caso de citas breves incluidas en reseñas críticas y ciertos usos no comerciales permitidos por la ley de derechos de autor.

El Domador de Emociones

Dorit Geifman Lugasy

Ilustrado Por Adi Badash

En un pueblo mágico y remoto, vivía un hechicero joven de edad, de solo 8 años, pero de gran corazón y poderosas habilidades. Se llamaba Oz, y era el domador de las emociones.

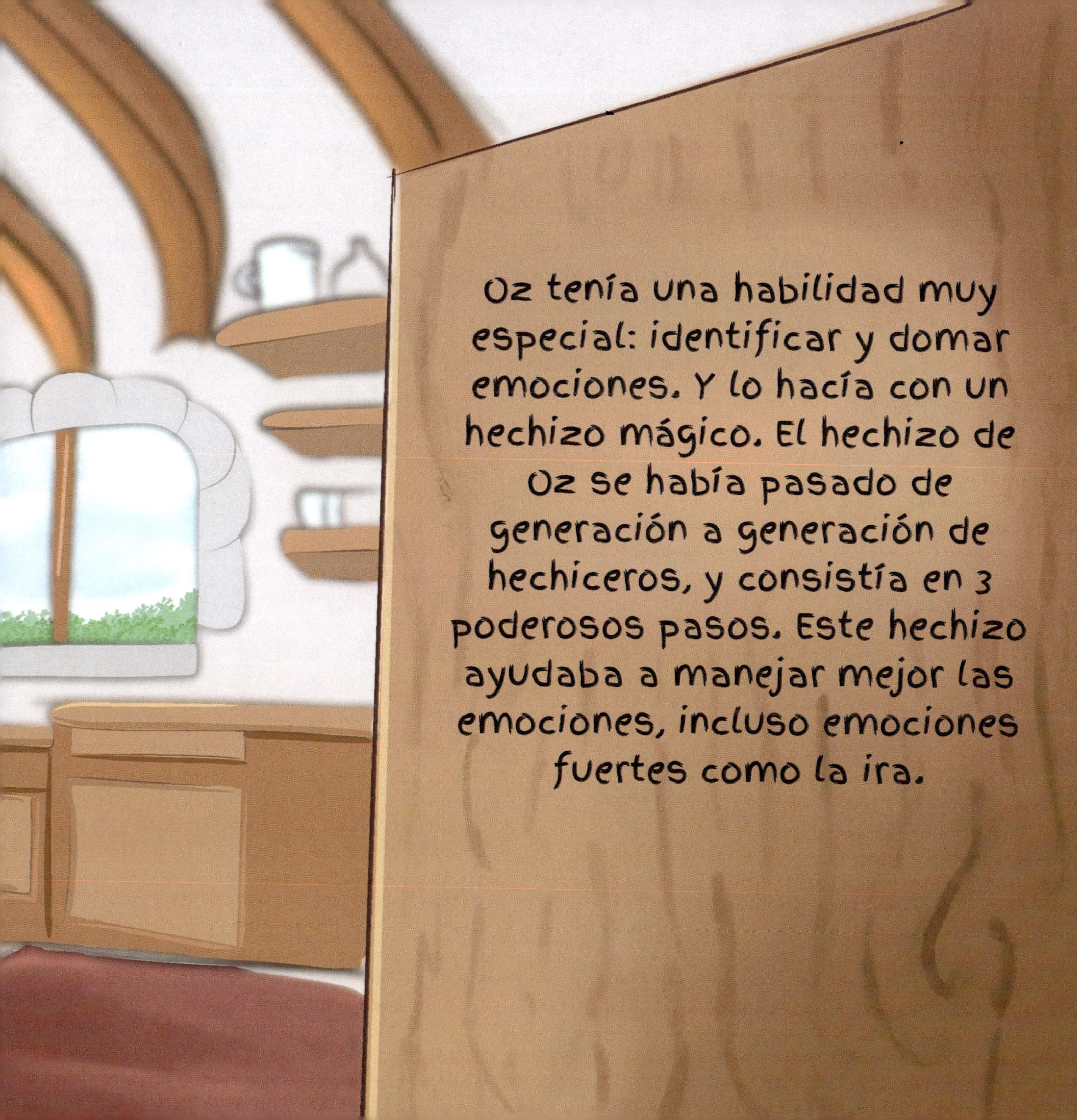

Oz tenía una habilidad muy especial: identificar y domar emociones. Y lo hacía con un hechizo mágico. El hechizo de Oz se había pasado de generación a generación de hechiceros, y consistía en 3 poderosos pasos. Este hechizo ayudaba a manejar mejor las emociones, incluso emociones fuertes como la ira.

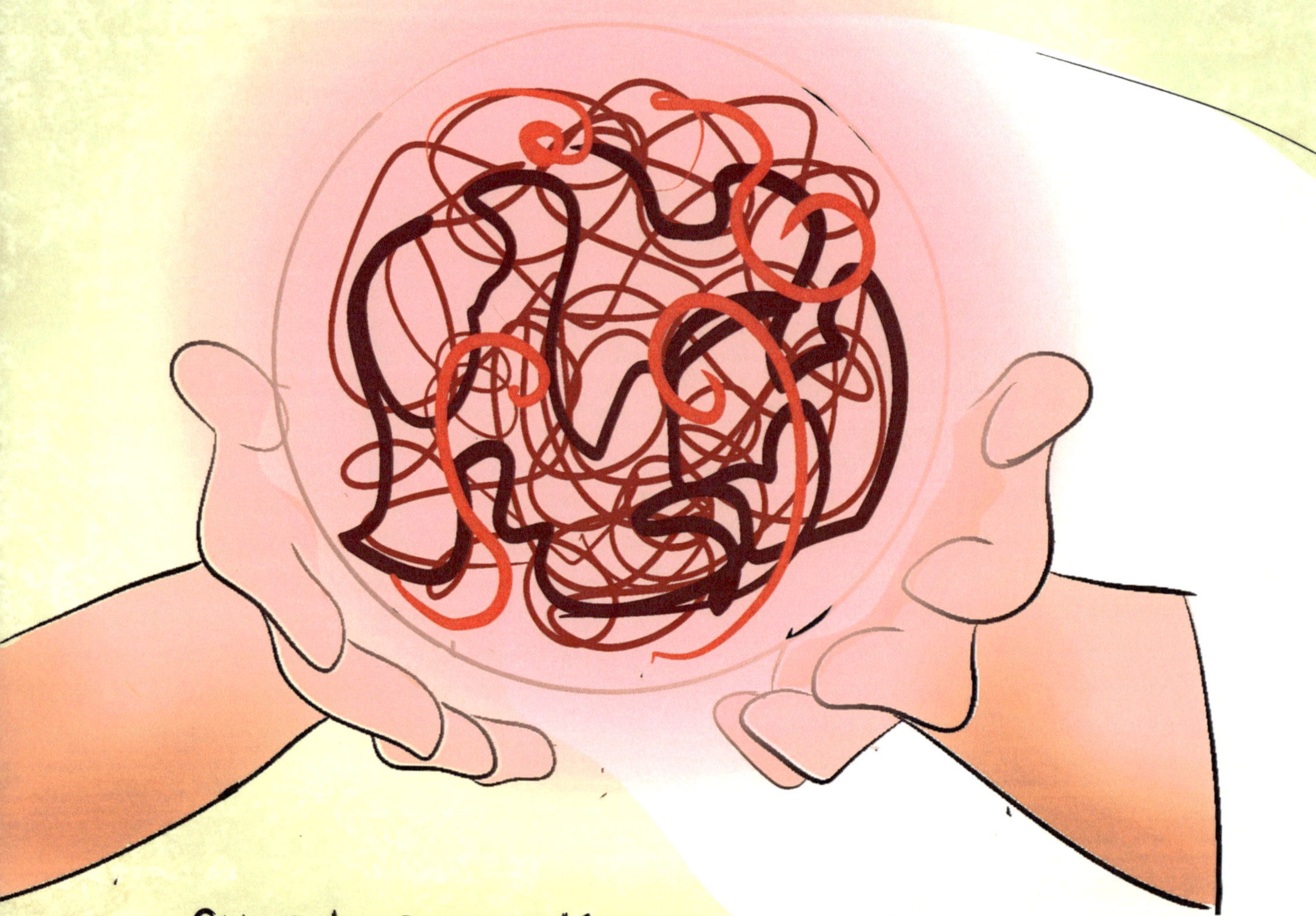

Cuando Oz sentía una emoción burbujeando
dentro de él, cerraba los ojos y decía:

"¡EMOCIÓN, MUÉSTRATE!"

De esta forma sacaba a la luz la emoción,
y podía ver a qué se enfrentaba.

Interrogaciones

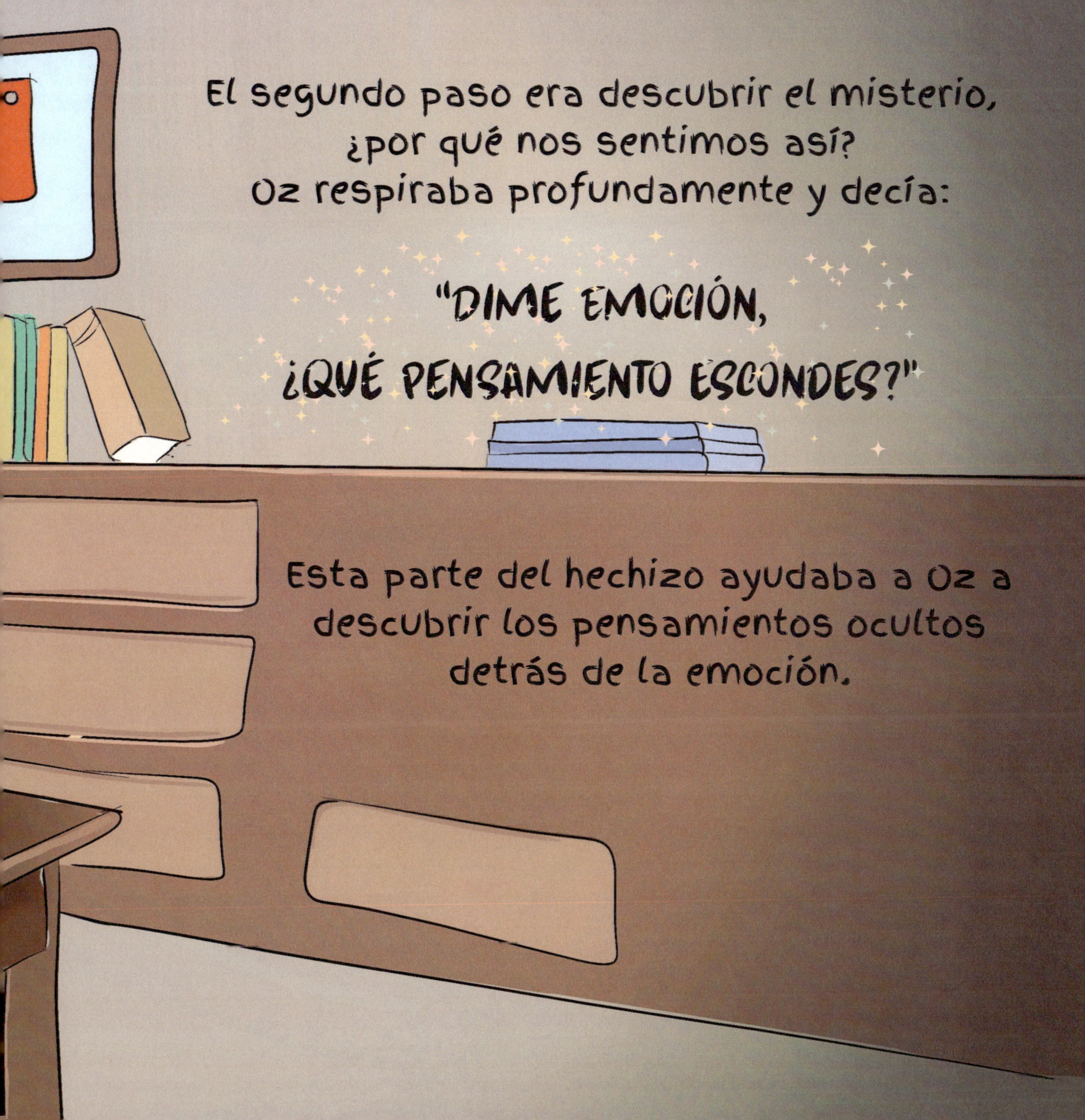

El segundo paso era descubrir el misterio,
¿por qué nos sentimos así?
Oz respiraba profundamente y decía:

"DIME EMOCIÓN,
¿QUÉ PENSAMIENTO ESCONDES?"

Esta parte del hechizo ayudaba a Oz a
descubrir los pensamientos ocultos
detrás de la emoción.

No soy bueno
No soy suficiente
Nunca ganaré

Y en el último paso, con una chasqueada de dedos, OZ enunciaba:

"¡PENSAMIENTO A TRANSFORMAR!"

Este mágico hechizo le permitía a Oz ver las cosas de forma diferente y así cambiar sus pensamientos y creencias, lo que le ayudaba a domar las emociones, que se alimentaban de las ideas que el pensamiento les murmuraba.

Ser domador de emociones no es nada fácil. Oz tenía que concentrarse y escuchar cuidadosamente a su corazón y encontrar la magia dentro de sí mismo. Él sabía que sus emociones le decían cosas importantes. En el pasado, intentó ignorarlas, pero esto solo hizo que las emociones se volvieran más fuertes y más difíciles de domar.

Una tarde, Oz salió de paseo por el bosque y escuchó voces extrañas. Curioso, se asomó y vio a dos erizos, Emily y Spike, jugando a las cartas. Emily estaba muy contenta, ya que había ganado el juego, pero Spike estaba malhumorado.

"¿Qué ha pasado?", preguntó Oz.

"Estoy muy enfadado, he perdido el juego", respondió Spike, con sus pinchos erizados por la frustración.

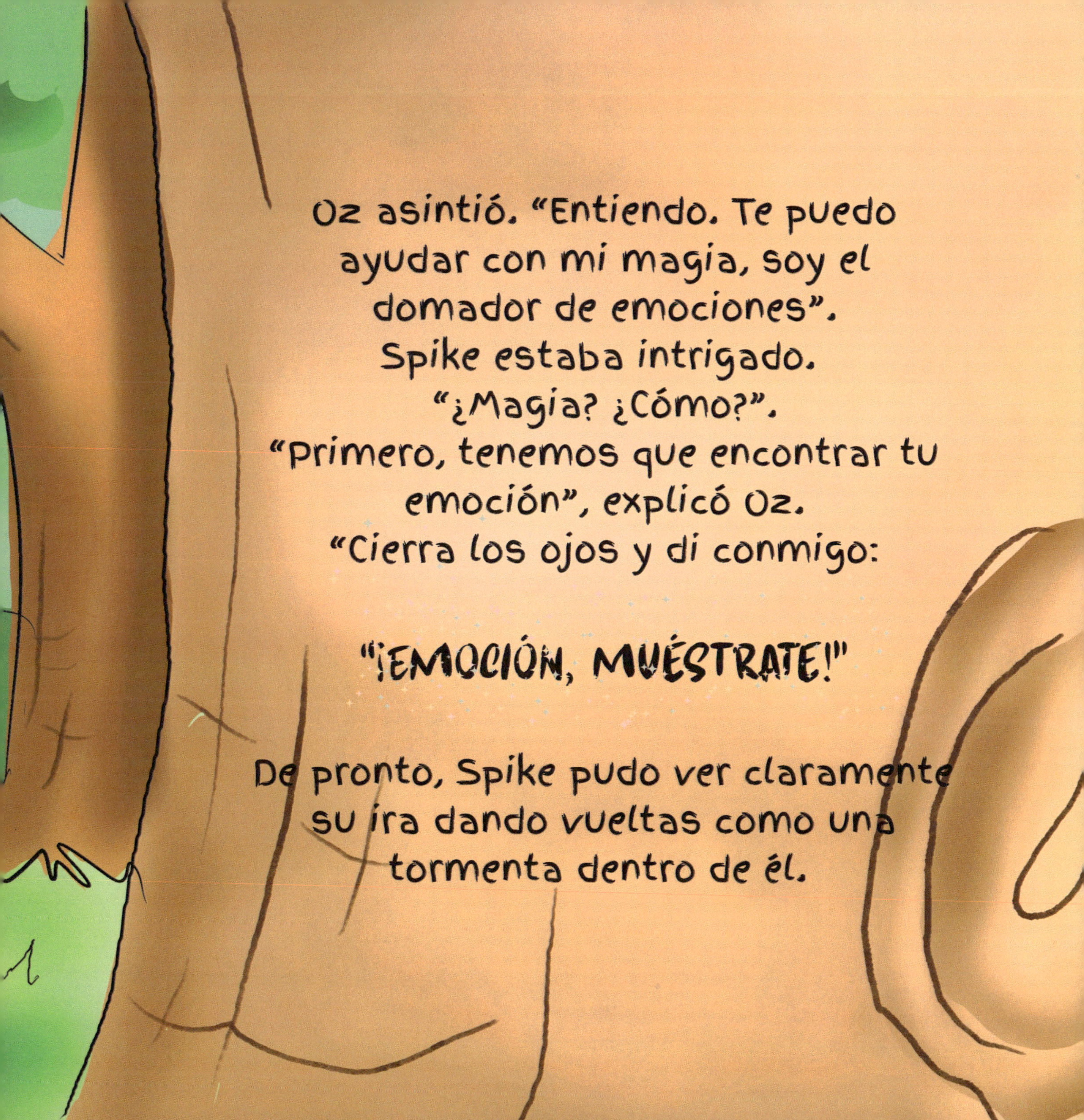

Oz asintió. "Entiendo. Te puedo ayudar con mi magia, soy el domador de emociones".
Spike estaba intrigado.
"¿Magia? ¿Cómo?".
"Primero, tenemos que encontrar tu emoción", explicó Oz.
"Cierra los ojos y di conmigo:

"¡EMOCIÓN, MUÉSTRATE!"

De pronto, Spike pudo ver claramente su ira dando vueltas como una tormenta dentro de él.

No soy bueno

"Ahora, a resolver el misterio", siguió Oz.
"Respira profundo y di conmigo":

"DIME, EMOCIÓN,
¿QUÉ PENSAMIENTO OCULTAS?"

Spike dudó por un momento, ya que
sentía que su ira era muy fuerte, pero al
respirar profundamente descubrió por
qué perder le hacía sentir enfadado:
"Pensé que perder significaba que no era
bueno, pero tal vez no es del todo cierto".

"Exacto",sonrió Oz, y preguntó:
"¿Listo para el paso final? "
Spike asintió.

Oz, que sabía que la magia se encuentra dentro de nosotros mismos, enunció:

"¡PENSAMIENTO A TRANSFORMAR!".

Spike repitió el encanto y respiró profundo una vez más. Entonces, un nuevo pensamiento nació: "Perder un juego solo significa que estoy practicando y mejorando, sigo siendo... YO, EXCELENTE Y ASOMBROSO".

"¡Así es, Spike! Ganar o perder un juego no cambia lo increíble que eres."

Oz se despidió y comentó:

"Fuiste valiente al oír tu voz interior
cambiaste el pensamiento gruñón,
y brillaste con todo tu esplendor".

www.ingramcontent.com/pod-product-compliance
Lightning Source LLC
Chambersburg PA
CBRC090145150726
48196CB00019B/730